パリ在住の料理人が教える

もらって嬉しい
チョコレートレシピ

えもじょわ

KADOKAWA

はじめに

最近は、チョコレートの種類がミルクチョコかブラックチョコかの二択だけでなく、
カカオ分の濃さやカカオの原産地が選べるものから、
さまざまなフレーバーが加えられたものまで幅広くなりました。
そしてそれらは身近なお店で買えるようになりました。

同じレシピでもそのお菓子に使用するチョコレートによって
仕上がりの味に大きく影響します。
ブラックチョコでも低カカオ分から高カカオ分まで幅広い選択肢があると
どれを使ったらいいかわからなくなるのではないでしょうか。

この本のレシピではチョコレートのカカオ分まで明記しています。
それはおいしいお菓子を作って欲しいからです。

レシピ通りのチョコレートを使えば、
僕が作ったお菓子と同じ味になるようになっていますが、
好みに応じて苦みの効いた濃いめのお菓子にしたい場合は少しカカオ分の強いものを、
マイルドで食べやすいお菓子にしたい場合はカカオ分の低いものを
ご自身で選択してください。

そしてレシピは誰でも作りやすいようにシンプルさを心がけて作りました。
簡単なレシピの中でも気をつけるべき点を理解していただくことで
失敗をしないよう"POINT"で詳しく説明しています。
さらにプレゼントにもできるよう、見ばえよく作るコツも
"きれいに仕上げるポイント"で解説してあります。

この本でおいしくきれいなチョコレート菓子を作るお手伝いができれば幸いです。

えもじょわ

CONTENTS

はじめに 3

チョコレートについて 8

 チョコレートの原料とカカオ分 8
 お菓子作りに適したチョコレート 9
 お菓子作りに使うチョコレートの種類 10

テンパリングとは 12

 テンパリングでなめらかな口溶けに 12
 電子レンジでチョコレートをテンパリングする方法 13

PART 1

すぐできる
簡単チョコスイーツ 14

ムースショコラ 16

タブレットショコラ 20

チョコレートサラミ 24

CHOCOLATE COLUMN ラッピングを工夫する 29

チョコレートパンナコッタ 30

チョコレートプリン 34

チョコカップケーキ 38

PART 2

配るのに最適な
小さなお菓子 42

ドライフルーツとナッツのチョコがけ 44

ロリポップチョコ 48

バーチディダーマ 54

フィナンシェショコラ 58

CHOCOLATE COLUMN フランスのバレンタインとクリスマス 63

ソフトチョコチップクッキー 64

ココアスノーボールクッキー 68

CHOCOLATE COLUMN スイーツをきれいに仕上げるには 72

全体の見せ方 72

デコレーションのコツ 74

PART 3

みんな大好き！
季節のケーキ 76

ルビーチョコのガトーオペラ　78

洋梨のガトーショコラ　84

抹茶ホワイトチョコムースケーキ　88

フォレノワール　94

チョコレートとフランボワーズのレイヤーケーキ　100

ビュッシュドノエル風ロールケーキ　106

ビュッシュドノエル　113

PART 4

素材にこだわった
体が喜ぶスイーツ 114

シリアルチョコクッキー　116

植物性ミルクの生チョコ　120

米粉のブラウニー　124

この本の使い方

○ 道具

＊計量単位は小さじ1=5㎖、大さじ1=15㎖です。

＊オーブンの焼き時間はあくまでも目安です。型の
大きさや深さ、オーブンの機種によっても差があ
りますので、お持ちのオーブンの特徴をつかん
で調整してください。

＊電子レンジは600Wを使用しています。
機種によってレンジの加熱時間は異なることが
あります。特にチョコレートのテンパリングに使用
するときは、気温、使う道具の材質、チョコレート
の種類などによっても変わるので、加熱時間は
あくまでも目安とし、短時間ずつ様子をみながら
溶かすよう注意してください。

○ 材料

＊バターは溶かしバターを含め、無塩です。

＊ココアパウダーは純ココアの無糖です。

＊生クリームは乳脂肪35％のものを使っています。

＊卵はMサイズ殻抜きで全卵50ｇ、卵黄20ｇ、卵
白30ｇを使用しています。サイズによって重さに
ばらつきがあるので、注意してください。

撮影／えもじょわ
デザイン／林 陽子（Sparrow Design）
校正／麦秋アートセンター
フランス語監修／明石伸子
編集／細川潤子
協力／山内麻衣

チョコレートについて

チョコレートの原料とカカオ分

チョコレートはカカオマス（カカオ豆から皮を取り除いて磨砕してできるペースト状のもの）、カカオバター（カカオ豆から絞り出される植物油脂）、砂糖、粉乳などを混合して作ります。
カカオ分はチョコレートの重さに対するカカオマスとカカオバターの重量の割合を示したものです。たとえばカカオマス35％とカカオバター30％ならカカオ分65％となります。

この本ではブラックチョコレートの標準的なカカオ分55％前後か、高カカオ分70％前後を使っています。
70％前後に関してはカカオ分が強いため、牛乳や生クリームで伸ばしてもしっかりとカカオの味がすることが利点ですから、パンナコッタやプリンに最適です。65％でも75％でも大丈夫です。これを55％前後のブラックチョコレートにすると、チョコの味が薄いデザートになってしまいます。
カカオ分が高くなるほど苦みは強くなります。もしレシピより10％以上高いカカオ分のチョコレートを使う場合は、甘さも抑えられチョコレートの味も強くなりますが、苦みが強くでるのでほどよい甘さにするには砂糖を増やす必要があります。

お菓子作りに適した
チョコレート

▶ クーベルチュールチョコレート

お菓子作りでは原材料にカカオ豆由来以外の植物
油脂が含まれていないことがとても大事です。お
なじみのクーベルチュールチョコレートはカカオ
バターの含有量が高いチョコレートのこと。「クー
ベルチュールチョコレート」や「製菓用チョコレート」
は植物油脂を含まないということを表しています。
ブラック・ミルク・ホワイト・ルビーチョコレー
トのいずれでもカカオバターが31％以上含まれて
いればクーベルチュールチョコレートと呼ばれま
す。国際規格をクリアした高級なチョコレートと
いう意味で使われることもあります。製菓用に使
われ、溶かしたときに作業がしやすく、色やツヤ
がいいのが特徴です。
クーベルチュールチョコレートは高級品で値段が
高いイメージがあると思います。でも実はkg単位
で計算すると、市販の板チョコよりも安く買える
ものが数多くあります。
チョコは賞味期限が長いですから、お菓子作りを
するなら500g、1kgなど多めに購入し、気温が30
℃を超えるような時期は袋を密閉して、冷蔵庫に
保存しておくといいでしょう。
クーベルチュール、製菓用チョコレートはそのま
ま食べてもおいしくない、お菓子作りにしか使え
ないと思っている方も少なくないかもしれません
が、カカオ由来の油脂だけを使ったピュアなチョ
コレートです。だからそのまま食べてもおいしい
のです。
スーパーなどでも見かける高カカオのチョコレー
トはほとんどがクーベルチュールです。

▶ 日本の板チョコ

板チョコでもお菓子作りはできますが、日本の板
チョコで植物油脂が混ざっているものについては
お菓子作りでの使用をおすすめしません。
植物油脂が入っている板チョコを使うと味も劣り
ますし、溶かしただけで分離することがあって失
敗したり、でき上がりのかたさが違うものになっ
たりするので注意が必要です。
反対にどんなチョコでも植物油脂が含まれていな
ければ問題なく使えます。
植物油脂が含まれるチョコはチョコレートではな
くチョコレート菓子なので、そのまま食べるため
に作られています。日本の板チョコでも、たとえ
ば明治ミルクチョコレートならカカオ豆由来以外
の植物油脂を使用していないので、お菓子作りに
は問題ありません。
そのほか最近人気の高カカオチョコレートも植物
油脂は入っていないものがほとんどなので使えま
す。包装紙に明記されている原材料名をチェック
してみてください。

お菓子作りに使う
チョコレートの種類

▶ ブラックチョコレート

ブラックチョコレート、ビターチョコレート、スイートチョコレート、プレーンチョコレート、ダークチョコレートなどの呼び方がありますが、すべて同じ種類のチョコレートです。
この本では「ブラックチョコレート」と表記し、製菓用によく使われる乳製品の入っていない、適度な苦みのあるカカオ分50〜70％前後のものを使っています。
板チョコ、クーベルチュール、製菓用にかかわらず植物油脂が含まれていなければ、お菓子作りに問題なく使えます。

▶ ミルクチョコレート

乳製品の入ったチョコレートのこと。カカオ分30〜40％のものが多いです。カカオ分が低い分、お菓子作りで卵や粉類と合わせるとチョコレートの味が薄くなり、カカオの苦みが弱いので砂糖の甘さが目立ってしまい、大変甘いお菓子になってしまいます。おもにそのまま食べるほうが向き、お菓子作りにはブラックチョコレートのほうが適しています。
もしミルクチョコをお菓子作りに使うなら、少ないカカオ分を補うためにココアパウダーが必要となります。ココアパウダーを加えることでカカオの味がしっかりとしたお菓子になります。

▶ ホワイトチョコレート

ホワイトチョコレートはココアバター、砂糖、ミルクをもとに作られています。色が白い理由は、製造工程でココアバターからカカオマスを除去しているから。カカオマスはチョコレートの特徴である色と苦みのもとなのです。

▶ ルビーチョコレート

ルビーチョコレートはブラック、ミルク、ホワイトに次ぐ第4のチョコレート。きれいなピンク色ですが、着色料もフルーツのフレーバーも入っていないルビーカカオ豆から生まれたチョコレートです。

▶ ココアパウダー

カカオマスから脂肪分をある程度除いて処理し、水(湯)に溶けやすいパウダーにしたもの。お菓子作りでは砂糖やミルクの含まれていない純ココアを使います。この本では「無糖ココアパウダー」と表記しています。

▶ カカオニブ

カカオ豆の胚乳部分を醗酵させたあと、焙煎してチップ状に粉砕したもの。カカオニブをすりつぶしたものがカカオマス。つまりチョコレートやココアの原料です。最近ではポリフェノールなどチョコレートの栄養を含みつつ、バターや砂糖などの添加物がないのでスーパーフードとしても注目されています。お菓子作りでは飾り用に使います。

▶ チョコチップ

クッキーやパウンドケーキなどに混ぜ込んで使用するためのチョコレート。カカオバターではない油分を加えることで、焼いても溶けにくくしてあります。溶かして使用するのには向きません。

▶ コーティングチョコ

フランスではパータグラセといいます。カカオマスからカカオバターを抜き取り、代用油脂と砂糖を加えたもの。伸びがよく、お菓子のコーティングに向いています。また、テンパリング(温度調整)の必要がないため、とても簡単に使えます。
残ったコーティングチョコはふたつきの保存容器などに入れて常温で保存できますが、夏場や長期間使う予定がない場合は冷蔵保存して、溶かして使います。
ドライフルーツとナッツのチョコがけ(P44)、ロリポップチョコ(P48)などに。
お好みでブラックでもミルクでもどちらを使っても大丈夫です。

苦みがあり風味のよいブラックチョコレートのコーティングチョコ。

甘さとマイルドさがほどよいミルクチョコレートのコーティングチョコ。

コーティングチョコは湯煎して溶かし、50℃ぐらいの温度にする。

11

テンパリングとは

テンパリングで
なめらかな口溶けに

一度溶けたチョコレートは冷蔵庫に入れて冷やせばかたまるのですが、チョコレートの表面が粉を吹いたように白くなってしまうこと(表面に脂肪分や砂糖が浮き上がるブルーム現象・写真右下の板チョコの状態)があります。そして一度溶かしたチョコレートはそのままかためても常温ではなかなかかたまりにくい上に、食べたときにボソボソとして口溶けの悪いチョコレートになります。このブルームを防ぎ、口溶けのよいツヤのあるチョコレートにするために行うのが「テンパリング」という作業です。

テンパリングとはカカオバターの結晶を、温度を上げて溶解させたあと、安定的な結晶を作り出すために行う作業と温度調整のこと。またそのあとのチョコレートの推奨使用温度の維持のこと。テンパリングはチョコレートにほかの材料を加えずに溶かし、そのままかためるときに必要な作業です。この本ではタブレットショコラ(P20)でこの方法を用いています。

電子レンジでチョコレートを
テンパリングする方法

この本で紹介しているのは、フランスのチョコレートメーカーで紹介している革新的な方法です。電子レンジでチョコレートが34℃を超えないように溶かしてかためます。

市販のチョコレートはすでに完璧にテンパリングしてあります。ですから、とてもいい状態のカカオバターの結晶がすでにあるのです。その結晶は34～35℃を超えると壊れてしまいます。チョコレートが溶け出すのは28℃からなので28～34℃の範囲でチョコレートを溶かせば一般的なテンパリングの必要はないということなのです。

簡単とはいっても28～33℃を感じ取るのは毎日テンパリングをしているショコラティエではない限り無理ですから、温度計は必ず用意しましょう。

注意すること！

- チョコレートはカカオ分55%・70%前後ともに同じ加熱時間でOKです。少なすぎると作業しにくいので、100g以上使ってください。
- 電子レンジで温めるときのボウルは耐熱プラスチック製がおすすめです。
- 室温も溶け方に影響するので、室温20～25℃の中で行うといいでしょう。
- お使いの電子レンジによって加熱時間は違うことがあるので、短めの時間で様子をみながら溶かしてください。表示している時間はあくまでも目安です。

▶ 電子レンジでの溶かし方

1. 耐熱ボウルに刻んだブラックチョコレートを入れて600Wの電子レンジで15秒加熱し（チョコレート100～120g当たり）、取り出して混ぜる。このときに溶けていなくても混ぜ、同じ位置のチョコレートが熱くなりすぎないようにする。

2. チョコレートが溶け始めるまで、1の作業を様子をみながら繰り返す。チョコレートの結晶は34～35℃を超えると壊れてしまうが、一部のチョコレートが溶け34℃を超えていても大丈夫。ほかの溶けていないチョコレートがあれば、よい結晶へ変化させるように作用する。

3. 2の状態まで溶けたら5秒加熱し、取り出して30秒ほど混ぜながら溶け残りの粒を溶かす。温めすぎないように注意しながらこれを繰り返し、溶かす。

4. 空気を含ませないよう2分ほど混ぜ続け、31～32℃の温度にする。

1.

2.

3.

4.

POINT 1

パレットナイフなどにチョコレートを少量つけて、1分ほど放置し、ツヤがあるようにかたまれば成功。

POINT 2

チョコレートをいい状態でかためるには、よく混ぜる作業がとても大事。混ぜながら温度を下げ、ブラックチョコレートなら31～32℃にして使用するのが理想的。

PART 1

すぐできる
簡単チョコスイーツ

お菓子の中でもチョコレートは買ってくることが多いと思います。
難しい印象もあるチョコレート作りですが、溶かす方法は電子レンジのテンパリングをしたり（P13参照）、市販のコーティングチョコを使えば（P11参照）手軽にできます。
チョコレートといってもミルクチョコやブラックチョコ、そしてカカオ分が違うチョコなどさまざまで、それぞれに違いがあります。使うチョコレートによって大きく味が変わってくるので、レシピに表記してあるチョコの種類、カカオ分のチョコレートを使用して作ってください。
スーパーで手に入る、製菓用ではないチョコレートで作ってもいいですが、失敗しないために表示をよく見て、植物油脂を含まないチョコレートを選ぶことが大事です。
まずは簡単なチョコレートのお菓子から手作りしてみましょう。

Mousse au Chocolat Liégeoise

ムースショコラ

ムースショコラといえばフランス人の誰しもが大好きなデザート。
普通はメレンゲを加えて作りますが、省略してシンプルなレシピに。
ホイップクリームをのせ、チョコ味の強いムースショコラとバランスを取りました。
このようにグラス入りデザートの上に生クリームを絞ったものを「リエジョワ風」と呼びます。
由来はベルギーのリエージュという街の名前から。

材料（でき上がり量・約400㎖・3〜4人分）

＜ムースショコラ＞
生クリーム　200㎖
ブラックチョコレート（カカオ分55％前後）　100g

＜飾り用＞
生クリーム　100㎖
砂糖　6g
無糖ココアパウダー　少々
カカオニブなど　適量

準備するおもな道具
ボウル、耐熱ボウル、ホイッパー（またはハンドミキサー）、
ゴムベラ、絞り袋、容器、温度計

絞り袋

作り方

1
生クリームをホイッパーで六〜七分立てに泡立てて常温に置いておく。

memo

 ▶  ▶

※手動のホイッパーで泡立てるときは直線的なホイッパーの動かし方で。円ではなく左右にホイッパーを動かす。左にだけまたは右に行くときだけに力を入れるのではなく、ホイッパーをボウルの底につけたまま、左右に往復させて泡立てるとより早く、空気をよく含んだホイップクリームになる。

2
チョコレートを耐熱ボウルに入れ、600Wの電子レンジで30秒ずつ加熱し、その都度混ぜて溶かす。(加熱の目安は計1分30秒ほど)

POINT

溶けたチョコレートの温度が低すぎると生クリームと混ぜ合わせたときにかたまってしまうので、やや熱めの60℃前後にしておきましょう。気温によって加熱時間に差がありますので、様子をみながら調節してください。

3
チョコレートに1の生クリームの1/4量を入れる。

4
よく混ぜ合わせる。

5
残りの生クリームの半量を入れて混ぜる。

RECIPE 01

6 最後に残りの生クリームを加え、まんべんなく混ぜ合わせる。

7 容器に流し入れる。

8 冷蔵庫で最低1時間冷やす。

9 飾り用の生クリームに砂糖を加え、ボウルを氷水に当てながら泡立てる。

POINT
100mlなど少量の場合は、電動よりも手動の方が泡立てやすいでしょう。手動の方が空気も多く含ませることができるので電動よりもフワフワなホイップクリームになります。

POINT
※絞り出して使うホイップクリームは氷水につけて温度を低温に保つと、安定性が出て、思いどおりにホイップクリームのかたさが調節できます。

10 口金をつけた絞り袋でムースショコラの上にホイップクリームを絞る。

11 ココアパウダーを振り、カカオニブなどでデコレーションする。

19

Tablette Chocolat

タブレットショコラ

チョコレートを溶かして型に入れ、自分好みの材料をのせて作る板チョコです。
チョコを溶かすときは電子レンジを使うと簡単にテンパリングができます。
フランスのクリスマスマーケットでは、手作りの大きなタブレットショコラが
売られています。買うと木槌も一緒についてくるので、それを使って割りながら食べます。
専用の型がなくても、大きく1枚に作り、割りながら食べるのもいいでしょう。

材料

チョコレート各種　100g以上
※カカオ分は気にしなくてよい。カカオ分55％・70％前後、ブラック、ミルク、
　ホワイト、ルビーなどお好みのものを。
※量が少ないと作業しにくいので100g以上がよい。

ドライフルーツやナッツ類　適量
※ドライフルーツはベリーなど酸味のあるものが合う。
　ナッツはアーモンド、くるみ、ペカンナッツ、ヘーゼルナッツなどが向く。

準備するおもな道具

耐熱ボウル、ゴムベラ、温度計、タブレットの型

タブレットの型　　温度計

注意

- 耐熱ボウルは電子レンジの影響を受けにくい耐熱プラスチック製を。
- 作業は寒すぎたり暑すぎたりする場所を避け、適度な室温（20〜25℃
  ぐらい）の中で行いましょう。

作り方

1

ナッツやドライフルーツを準備する。

2

板チョコなどを使用する場合は刻む。大きい塊があるとなかなか溶けないので、ある程度粒の大きさはそろえる。

POINT

小さい粒状（1粒0.3〜0.5g）のチョコレートの場合は、刻む作業は不要です。

3

耐熱ボウルにチョコレートを入れ、600Wの電子レンジで15秒加熱して取り出し、混ぜる。このときに溶けていなくても混ぜ、チョコの位置を変える。

4

チョコレートが溶け始めるまで3の作業を繰り返す。

POINT

チョコレートの結晶は34〜35℃を超えると壊れてしまうので、混ぜたときにこの温度を超えないように注意しながら加熱します。ただし、溶けた一部分は34℃を超えていても大丈夫です。ほかの溶けていないチョコレートが、よい結晶へと変化させるように作用してくれます。

5

4の状態まで溶けたら、5秒加熱し、取り出して30秒ほど混ぜながら溶け残りのチョコを溶かしていく。粒が溶けるまでこれを繰り返すが、温めすぎは厳禁。

6

空気を含ませないように2分ほど混ぜ続けながら温度を下げる。

POINT

チョコレートの種類に応じた使用温度まで下げるのが理想的。ブラックチョコは31〜32℃、ミルクチョコは30〜31℃、ホワイト、ルビーチョコは29〜30℃に。

RECIPE 02

POINT

パレットナイフなどにチョコレートを少量つけて1分ほど放置。ツヤがあるようにかたまれば成功です。パリパリにかたまるまでは半日ほどかかります。

7

ホワイトチョコレート、ルビーチョコレートも同様の要領でレンジで溶かして混ぜる。

8

型に流し入れる。

9

チョコレートがやわらかいうちにドライフルーツ、ナッツをのせる。すぐにかたまってくるので、作業は手早くすること。

10

そのまま常温でかためる。しっかりかたまるまで半日かかる。冷蔵庫には入れないこと。

11

型から取りはずす。しっかりかたまれば、型からきれいにはがせる。

12

でき上がり。

memo

もし34℃を大幅に超える温度になってしまった場合は

溶けているチョコレートの1/3の重さの細かくしたチョコレートを準備し、溶けたチョコレートを45℃に温めます。ボウルに細かくした溶けていないチョコレートを加えて軽く混ぜ、2分ほど放置。その後ゆっくりと混ぜながらチョコレートを溶かす工程の6に引き継ぎます。

Saucisson au Chocolat

チョコレートサラミ

生チョコにさまざまな材料を加え、棒状にして粉糖をまぶし
それを輪切りにするとサラミソーセージのように見える、イタリアのお菓子です。
とても簡単で見た目もユニーク。濃厚な生チョコにナッツの香ばしさと食感、
酸味のあるドライフルーツがアクセントになっています。
ほかにもマシュマロなどお好みのものを入れて、食感を楽しんでみてはいかが。

材料（直径約4×長さ23cm 1本分）

ブラックチョコレート（カカオ分55％前後）　100g
生クリーム　50ml
ドライフルーツ各種　40g
マシュマロ　30g
ビスケット　80g
ナッツ各種　40g
粉糖　適量

準備するおもな道具

バット、フリーザーバッグ（幅23cm）、
ゴムベラ、ホイッパー、ハサミ、
耐熱ボウル、包丁

ホイッパー、ゴムベラ

Saucisson au Chocolat

作り方

1 チョコレートを耐熱ボウルに入れる。

2 600Wの電子レンジで30秒ずつ加熱して温めて溶かす。その都度混ぜながら溶かすこと。（目安は計1分30秒ほど）

POINT
取り出したときは、まだチョコレートの形が残っているかもしれませんが、余熱で混ぜることで溶けるので大丈夫です。

3 生クリームをレンジで30秒ほど加熱して温め、チョコレートに一度に加える。

4 ホイッパーで生クリームとチョコレートを混ぜる。

5 なめらかになるまでよく混ぜる。

6 フリーザーバッグにビスケットを入れる。

7 フリーザーバッグの上から手で砕く。

8 マシュマロは大きければ小さく切る。

RECIPE 03

9 クルミなど大きいナッツは半分に割る。

10 7のフリーザーバッグにナッツ、ドライフルーツ、マシュマロを加える。

11 5のチョコレートを加える。

12 フリーザーバッグの上からもみながら、全体を混ぜ合わせる。

13 中身をフリーザーバッグの底に集める。

14 空気を抜きながら丸める。

15 棒状にして、冷蔵庫で2時間冷やしかためる。

POINT

冷蔵庫に入れて30分ぐらいしたら台に取り出し、転がして丸く成形し直すと、形よく仕上がります。

16 かたまったらハサミや包丁などでフリーザーバッグを切り開く。

> 作り方

17
チョコレートサラミを取り出す。

18
バットに粉糖を広げ、チョコレートサラミにまぶす。

19
全体にまんべんなく粉糖がつくように転がしながらまぶす。

20
サラミソーセージに見立てたラッピングにするには、まずセロファン紙やワックスペーパーなどで包む。

21
両端をひもで結ぶ。

22
形が崩れないように全体をひもで縛っていく。

23
または真ん中に紙を巻いてもよい。ラッピングをしない場合は、ラップに包んで保存する。

24
食べやすい大きさに切る。

25
でき上がり。

CHOCOLATE COLUMN

ラッピングを工夫する

プレゼントするときは
自分らしいラッピングで

手作りお菓子を人にプレゼントするとき、きれいにラッピングする方も多いかと思います。でも実をいうと、僕はあまりラッピングをしたことがありません。

パーティのときは焼き菓子なら袋に入れるか、保存容器に入れて持って行きます。

ケーキなどの生菓子類でも保存容器かお皿のまま持って行くか、もしくは自宅に呼んで食べてもらうかです。

きちんと包装されたものを渡したいと思うなら、お菓子屋さんで買っています。

というのも、フランスの場合、かわいい雑貨屋さんや100円ショップでさまざまな種類のラッピング用品を売っている日本と違って、包装用の箱を販売している実店舗がほぼないのです。あってもおしゃれとは無縁のお持ち帰り用のプラスチックの箱や紙箱です。

フランスのお菓子類の入っている箱はおしゃれですが、それはデザイナーに依頼して専門業者に作ってもらっているからです。

一般家庭でラッピングしようとすると、日本より少し大変かもしれません。

今回撮影用に使ったラッピング用品はネットで見つけたもの。写真上のように、ナチュラルな雰囲気のものを使いました。

手軽にラッピング用品が手に入る環境では、ぜひ自分で工夫して、自分らしいラッピングにチャレンジしてみてください。

Panna Cotta au Chocolat

RECIPE 04

チョコレートパンナコッタ

テクニックもいらない、手間もかからない、電子レンジだけで作れるのに
ものすごくおいしいイチオシのデザート！
おいしさの秘訣はカカオ分70％前後の濃いめのチョコレートを使うことです。
それによってココアパウダーなしでも、濃厚なパンナコッタが簡単に仕上がります。
お菓子作り初心者にぜひおすすめしたいレシピです。

材料（でき上がり量・400㎖）

ブラックチョコレート（カカオ分70％前後）　70g
牛乳　200㎖
生クリーム　100㎖
粉ゼラチン　4g
水　20㎖
グラニュー糖　20g
飾り用ホイップクリーム、ドライフルーツなど　各適量

準備するおもな道具

ボウル、耐熱ボウル、ゴムベラ、ホイッパー、容器

ホイッパー、ゴムベラ

Panna Cotta au Chocolat

作り方

1 粉ゼラチンに水を加える。

2 10分以上ふやかす。

3 耐熱ボウルにチョコレート、半量の牛乳、グラニュー糖を入れ、600Wの電子レンジで2分ほど加熱する。

4 取り出してホイッパーで混ぜながらチョコレートを溶かす。

5 チョコレートがなじむまでよく混ぜる。

6 熱いうちに2のゼラチンを加えて溶かす。

7 生クリーム、残りの牛乳を加える。

8 ホイッパーで混ぜ合わせる。

9 なめらかになるまで、よく混ぜる。

RECIPE 04

10
容器に流し入れる。

11
冷蔵庫で2〜3時間冷やす。

POINT

パンナコッタを取り出すときは、軽くお湯につけて容器を温めるとはずしやすくなります。

12
容器からはずして器に盛り、お好みでホイップクリームやドライフルーツを添える。

memo

器に盛らず、容器のままでもOKです。

column

パンナコッタとプリンの違い

パンナコッタはイタリア発祥のお菓子。パンナは生クリーム、コッタは煮たという意味です。主な材料は生クリーム、牛乳、砂糖でそれらを合わせて火にかけ、ゼラチンでかためます。
この本のレシピではもっと簡単にするため、電子レンジで温めました。
プリンのおもな材料は卵、牛乳、砂糖。これらを混ぜ合わせ、蒸し器やオーブンで加熱します。プリンは加熱するとかたまる卵の性質を利用するので、ゼラチンは使いません。
ちなみに、ババロアは牛乳、卵黄、砂糖にホイップした生クリームやゼラチンを加えて冷やしかためたもの。ムースはフランス語で泡のこと。本来は泡立てた卵白と、砂糖、チョコレートなどほかの材料を混ぜ合わせ、ゼラチンなどでかためたものです。この本のムースは生クリームとチョコレートだけで作っています。

Crème au Chocolat

RECIPE 05

チョコレートプリン

加熱された卵の凝固作用でかためるプリンは、オーブンや蒸し器が必要不可欠ですが、
鍋ひとつで代用できるような作り方にしました。
ポイントは、沸騰した湯にプリンの容器を入れる前に火を止めること。
ゆっくりと余熱で加熱されるのでなめらかな仕上がりになります。
このプリンは温かくても美味。手で持てるくらいの温度までさめたらもう食べごろです。

材料（でき上がり量・400㎖）

全卵　1個
卵黄　2個
牛乳　250㎖
ブラックチョコレート（カカオ分70％前後）　60g
グラニュー糖　40g

準備するおもな道具

耐熱ボウル、ボウル、ホイッパー、
こし器、湯煎用の鍋、容器

こし器

Crème au Chocolat

作り方

1 耐熱ボウルにチョコレートを入れ、600Wの電子レンジで30秒ずつ加熱する。

2 取り出してその都度混ぜながらチョコレートを溶かす。（目安は計1分ほど）

3 牛乳をレンジで2分ほど加熱して温める。2のチョコレートは大きいボウルに移す。

4 牛乳の1/4量をチョコレートに加える。

5 ホイッパーでよく混ぜ合わせる。

6 残りの牛乳を2〜3回に分けて加え、その都度よく混ぜる。

7 全卵、卵黄を加える。

8 グラニュー糖を加え、混ぜる。

9 こし器で一度こす。

RECIPE 05

10
容器に流し入れる。

11
泡があれば、スプーンなどで取り除く。

12
鍋に水を入れて沸騰させる。容器を入れたときに7〜8割浸かっている量の水を入れておくこと。

13
沸騰したら火を止め、容器を入れる。

14
ふたをして30分、余熱で火を入れる。

POINT

取り出すときに容器を揺らし、かたまっているか確認。火の通りが甘い場合は、1分間強火でお湯を加熱し、火を止めてふたをしてさらに10分ほど余熱で加熱。

15
常温でさます。

16
冷蔵庫に入れてしっかり冷やす。

memo

少し温かい状態でも、冷蔵庫でしっかりと冷やしてもどちらでもおいしいので、お好みでどうぞ！

Cupcakes au Chocolat

チョコカップケーキ

しっとりと焼き上げたカップケーキに、濃厚なガナッシュクリームを絞ることで
見ためも味もゴージャスに！
背の低い紙コップを型にして生地を入れれば、マフィン型がなくても焼くことができます。
デコレーションも簡単なのでアラザンなどを飾ったり、クリスマス風にしたり、
ハートのチョコをのせてバレンタイン風にしたり、自由に楽しんでください。

材料（6個分）

薄力粉　100g
ベーキングパウダー　5g
無糖ココアパウダー　20g
全卵　2個
牛乳　50㎖
無塩溶かしバターまたはサラダ油　60g
砂糖　80g

＜ホットケーキミックス使用の場合＞

ホットケーキミックス　100g
無糖ココアパウダー　20g
全卵　2個
牛乳　50㎖
無塩溶かしバターまたはサラダ油　60g
砂糖　60g

＜ガナッシュ＞

ブラックチョコレート
（カカオ分55％前後）　80g
生クリーム　100㎖

＜デコレーション用＞

アラザン、カカオニブなど　適量

準備するおもな道具

耐熱ボウル、ボウル、ホイッパー、
こし器、マフィンの型、紙カップ、
スプーン、ゴムベラ、絞り袋

マフィンの型、紙カップ

準備

- オーブンを170℃に予熱する。

Cupcakes au Chocolat

作り方

1. 耐熱ボウルにガナッシュ用のチョコレートと生クリームを入れ、600Wの電子レンジで45秒ほど加熱し、温める。

2. ホイッパーでゆっくりと混ぜてチョコレートを溶かす。なめらかなクリームになったらラップをして冷蔵庫に入れておく。

3. 粉類は合わせてふるっておく。

4. ボウルに全卵、牛乳、溶かしバター、砂糖を入れ、砂糖を溶かしながら混ぜ合わせる。

5. 3に4を加えてホイッパーで混ぜる。

6. マフィン型に紙カップを入れる。

7. 生地をスプーンですくってカップに入れる。ちょうど6等分になるようにする。

8. 170℃に予熱したオーブンで20分焼く。

9. 焼けたら取り出して常温までさます。

10

バットなどに移し、ラップをして常温で一晩置く。

POINT

焼き菓子類はラップをして常温で一晩置いておくのがおすすめ。焼いたときに乾燥してしまったケーキの表面がしっとりとするので、おいしくなります。

11

2のガナッシュを取り出し、30分から1時間ほどかけて常温に戻し、ゴムベラで混ぜて絞り出せるぐらいのかたさにする。

POINT

温度によってかたさが変わるので、絞りやすいかたさに調節します。

12

口金をつけた絞り袋に入れて、カップケーキの上に絞り出す。

13

仕上げにアラザンやカカオニブなどを飾る。

14

でき上がり。

memo

ホットケーキミックスでも作れます。その場合の材料はP39参照。

memo

保存は冷蔵庫で、食べるときは常温に戻してクリームをやわらかくしてから。

配るのに最適な
小さなお菓子

パリでよく見かける日持ちして配りやすそうなお菓子にはフィナンシェやマドレーヌやサブレなどがあります。高級になるとオレンジピールをチョコがけしたオランジェットも、パリではとても人気があります。

持ち運びしやすい、日持ちがする、ひとつずつ独立したもので分けやすいもの。そんなお菓子がバレンタインなどで配るのに向いていますね。

フランスでは日本のようにひんぱんにお菓子を手土産に持っていくような習慣がなく、持っていくとしたらホームパーティに呼ばれたとき。買っていく人も多いですが、おいしくできた手作りならもっと喜ばれます。

バレンタインにはラッピングに自分らしさを添えて、手作りしたチョコレートを贈ってみてはいかがでしょうか。

Fruits Secs Mi-Enrobés de Chocolat

RECIPE 07

ドライフルーツとナッツの
チョコがけ

ドライフルーツに溶かしたコーティングチョコをつけるだけの簡単レシピです。
チョコレートとフルーツは相性ピッタリ。チョコの苦みと甘みに酸味が加わるので、
スッキリと食べやすくなります。ドライフルーツは市販のものを購入すれば手軽ですが、
フルーツが余ったときなどに自分で作ってみてもいいでしょう。
お酒にも意外に合うので、スパークリングワインなどと楽しんでみては？

材料

ドライフルーツ、ナッツ各種　適量
コーティングチョコ（または電子レンジでテンパリングした
チョコレート・作り方はP13参照）　適量
※ミルクでもブラックでもお好みで

※コーティングチョコは、屋台のチョコバナナなどでチョコレートコーティングされる際に使われるもの。製菓用食品を扱っている店やネット通販などで買える。

準備するおもな道具

ボウル、ゴムベラ、
天板とセロファン紙（またはステンレスのバット）

天板とセロファン紙

Fruits Secs Mi-Enrobés de Chocolat

作り方

1

ドライフルーツとナッツを準備する。

memo
オレンジの輪切り、オレンジピール、マンゴー、キウイ、パイナップル、アーモンド、クルミ、ペカンナッツなどお好みのものを。

2

コーティングチョコを湯煎で溶かす。

POINT
市販のコーティングチョコの場合、電子レンジでは部分的に焦げてしまうことがあるので湯煎がベター。テンパリングしたチョコレートでもOK。

3

天板とセロファン紙、ステンレスのバットなどを用意する。

4

ドライフルーツをチョコレートにくぐらせる。余分なチョコレートはしっかりときっておく。

5

続いてナッツもチョコレートにくぐらせ、余分なチョコレートはきっておく。

6

天板にセロファン紙をのせた上に4や5を並べ、常温に置く。

POINT
しっかりとチョコレートがかたまってからはがすこと。

RECIPE 07

7

でき上がり。

memo

残ったコーティングチョコはバットや保存容器などに入れて常温保存（夏場や長期間使う予定がないときは冷蔵保存）し、次回に溶かして使います。そのほかにもロリポップチョコ（P48）などを作って一度に消費してもいいでしょう。

memo

自分でドライフルーツを作るなら

❶「防腐剤無添加」と表記していないオレンジは、皮を塩でもみ洗いしたり、熱湯に浸して洗ってから使う。

❷オレンジは5mm厚さの輪切りに、パイナップルは1cm厚さの輪切りにして、芯をくりぬく。実を乾燥させると生のときの1/4ほどの厚さになる。

❸クッキングシートを敷いた天板に並べ、砂糖を適量振りかける。砂糖はフルーツやチョコレートの甘みを考えた上で、お好みの量をかける。

❹120℃のオーブンで5時間ほど加熱して乾燥させる。乾燥のためなので、オーブンは予熱しておかなくてもよい。

❺フルーツの乾燥具合をみてさらに天日で干し、乾燥させる。オーブンでの乾燥時間を1〜2時間にし、その後取り出して天日干し乾燥を数日間行っても。

Sucettes Chocolat

ロリポップチョコ

子どもが見たら喜ぶこと間違いなしのかわいらしいチョコレート菓子。
チョコレートトリュフをチョコレートコーティングし、デコレーションでポップに。
そのほかコーティングチョコを円形に広げてナッツやドライフルーツをのせ
スティックを刺せば、見ためも愛らしく、食べやすい形のチョコになります。
なかなか使い切れないコーティングチョコがあったときも、ぜひ作ってみてください。

材料

＜トリュフ用＞
ブラックチョコレート（カカオ分55％前後）　100g
生クリーム　80ml

＜コーティング用＞
コーティングチョコ（パータグラセ）　200g

＜デコレーション用＞
ホワイトチョコレート、アラザン、ナッツ、ドライフルーツ各種　適量

準備するおもな道具

耐熱ボウル、ボウル、湯煎用の鍋、温度計、ホイッパー、ゴムベラ、
スプーン、ゴム手袋、スティック、
セロファン紙（またはステンレスのバット）、チョコレート転写シート

チョコレート
転写シート

スティック、ゴム手袋

チョコレートトリュフの作り方

1

耐熱ボウルにブラックチョコレートと生クリームを入れ、600Wの電子レンジで45秒ほど加熱する。

2

ホイッパーでよく混ぜ合わせる。

POINT

混ぜても溶け残りがあるときは、さらに15秒ほどレンジで加熱します。

3

ラップをして、冷蔵庫で5時間ほどしっかりと冷やす。

4

冷えた3をスプーンですくう。

5

手で丸める。1個あたり14〜15gぐらいを目安に12等分して丸く形作る。

POINT

体温が伝わらないようゴム手袋をはめて丸めます。

POINT

気温が高いときなど、やわらかくなって作業しにくい場合はお皿にのせて冷蔵庫へ。少し冷やしたらもう一度丸め、でき上がったら冷蔵庫で冷やしておく。

RECIPE 08

コーティングの仕方

1 天板とセロファン紙を用意する。

POINT
チョコレート転写シートを用意し、チョコレートにプリントしてもよいでしょう。

2 コーティングチョコを湯煎で溶かし、50℃くらいの温度にしておく。

3 チョコがけしやすいように、コップなどの容器に入れる。

4 スティックの先端にコーティングチョコを少量つける。こうしてからトリュフをつけると抜けにくい。

5 トリュフにスティックを刺す。

6 コーティングチョコに浸す。

POINT
あまり長い時間浸すとトリュフが溶けてくるので、1回だけ短時間浸します。

7 コーティングチョコをある程度落としたら、セロファン紙の上にそっと置く。

POINT

押しつけるように置くと、形が崩れるので注意。

転写シートでプリントする場合は、転写シートの上にそっと置く。

転写シートからそっとはがす。

8

残ったコーティングチョコをスプーンでセロファン紙に丸く広げる。

POINT

すぐにかたまってくるので、いっぺんに作らず2〜3個ずつ作ること。

9

スティックの先端に少しコーティングチョコをつけてから（P51の4参照）、8に置く。

10

チョコがかたまる前にアラザンやナッツ、ドライフルーツなどを飾る。

11

冷蔵庫に30分ほど入れて冷やす。しっかり冷やすとセロファン紙からきれいに取りはずせる。

memo

アラザンとトッピングシュガー

デコレーションに使う銀色の玉・アラザンは砂糖とコーンスターチなどのでんぷんを混ぜ、丸い粒状にしたもの。食用銀粉や銀箔で覆って作ります。最近はカラーのものもあり、種類も豊富に。花型や星型などのトッピングシュガーも華やかで人気です。

RECIPE 08

仕上げ

1 湯煎して溶かしたホワイトチョコレートをコルネ（下記参照）に入れて絞ったり、アラザンを散らしてデコレーションする。

2 でき上がり。

memo

デコレーションで使ったコルネ（チョコペン）は紙でも作れます。

ワックスペーパーを鋭角三角形に切る。

紙の先端を丸め込んで円錐状にする。

残った先端は内側に折り込む。

溶かしたチョコレートを入れ、口を折って閉じ、先端をハサミで切る。

Baci di Dama

RECIPE 09

バーチディダーマ

「貴婦人のキス」という意味があるイタリアのお菓子。
イタリアはアーモンドが特産品。ふんだんにアーモンドプードルを使って香ばしく、
ナッティーな味わいになっています。チョコレートとアーモンドの相性も抜群。
シンプルな材料だけで作るので、ごまかしが効きません。
ぜひ新鮮なアーモンドプードルを使ってください。

材料（10g×18個分）

無塩バター　50g
粉糖　35g
薄力粉　50g
アーモンドプードル　50g

※アーモンドプードルは粉類のような乾物扱いではなく、生もの扱いで保存します。ナッツの油脂分は酸化しやすく、常温では劣化が進むので、冷蔵庫で保存しましょう。長期間使わない場合は冷凍保存を。

ブラックチョコレート（カカオ分70％前後）　50g

※クッキーが甘いので高カカオ分（70％前後）のチョコレートがおすすめです。

準備するおもな道具

小さい絞り袋(口金なし)、
ボウル、こし器、ホイッパー、
ゴムベラ、クッキングシート、
スケール、スプーン

小さい絞り袋

▶ 準備

・バターは600Wの電子レンジで20秒加熱し、やわらかくする。
・オーブンを170℃に予熱する。

Baci di Dama

作り方

1. ボウルにバターとふるった粉糖を入れてホイッパーで混ぜる。

2. なめらかになるまでよく混ぜる。

3. 薄力粉、アーモンドプードルをふるって加える。

4. ゴムベラで生地を混ぜる。

5. 生地がムラなく混ざるように、仕上げは手を使って混ぜる。生地を少しこねるとよい。

6. スケールで1個5gに量り、丸める。まとまりにくい生地なので、指で生地をギュッとかためて成形する。

7. 手のひらで丸く仕上げる。

POINT

子どもでも食べられるひと口サイズにするには、1個3gにします。

8. 天板にクッキングシートを敷き、7を間隔をあけて並べる。

RECIPE 09

9

170℃に予熱したオーブンで16分焼く（3gのサイズなら14分）。

10

チョコレートを溶かす。600Wの電子レンジで5～15秒ずつ加熱し、その都度取り出してスプーンで混ぜながら溶かす。

POINT

少しかたまりかけのチョコレートの方がサンドしやすいので、常温までさましておきます。常温でもチョコレートが流れやすい場合は、冷蔵庫に数分入れて冷やすのも◎。

11

クッキーがさめたら、クッキーの中央に10のチョコレートを絞り袋に入れて少量のせる。

POINT

スプーンでチョコレートをのせてもいいですが、絞り袋の方が早くきれいにできます。

memo

余ったチョコレートはカカオ分70％前後を使用するチョコレートパンナコッタ（P30）、チョコレートプリン（P34）、洋梨のガトーショコラ（P84）などに。

12

もう1枚のクッキーでサンドする。

13

でき上がり。
チョコレートが流れ出そうで心配な場合は、数分間冷蔵庫に入れてチョコレートをかためるとよい。保存は常温で。

― きれいに仕上げるポイント ―

クッキーの大きさは均一に

チョコレートをサンドしたときに、上と下のクッキーの大きさがそろっているときれいに見えるので、キッチンスケールを使って1個ずつ重量を量り、大きさをそろえる。

チョコレートの量は控えめに

多すぎるとクッキーの間からはみ出してしまうので量は控えめにのせる。

Financiers au Chocolat

RECIPE 10

フィナンシェショコラ

フィナンシェは香ばしくなるまで火を入れたバターと、アーモンドプードルが
その味を決めます。そのためには正しい焦がしバターを作ること、
新鮮なアーモンドプードルを使うことが重要なポイントです。
しっとりと焼き上がったフィナンシェをチョコレートに浸し、
ナッツとフリーズドライフルーツを彩りよくのせて華やかにすれば、プレゼント映えするお菓子に。

材料（12個分）

卵白　120g（4個分）
薄力粉　30g
無糖ココアパウダー　20g
アーモンドプードル　50g
※アーモンドプードルは粉類のような乾物扱いではなく、生もの扱いで保存します。ナッツの油脂分は酸化しやすく、常温では劣化が進むので、冷蔵庫で保存しましょう。長期間使わない場合は冷凍保存を。
粉糖　120g
※グラニュー糖や上白糖でも可。その場合は下記(1)参照
無塩バター　100g

＜飾り用＞
コーティングチョコ（パータグラセ）150〜200g
※ミルクでもブラックでもお好みで
ナッツ、ドライフルーツなど　適量

※(1)粉糖をグラニュー糖や上白糖で代用する場合、卵白にしっかりと溶かしてから粉類と混ぜる。砂糖の粒が残っていると焼成後に表面に砂糖の結晶が残るので注意。卵白を少し温めると砂糖が溶けやすい。このときホイッパーで混ぜながら溶かしてもよいが、泡立てることはしないように。

準備するおもな道具

鍋、スプーン、ボウル、こし器、ゴムベラ、フィナンシェの型、絞り袋、セロファン紙

フィナンシェの型

絞り袋

準備

オーブンを180℃に予熱する。

作り方

1
鍋にバターを入れ、弱火にかける。

2
弱火のまま、バターを溶かす。

3
泡立つまで加熱する。

4
泡立ちがおさまったらスプーンで混ぜながら弱火で加熱する。

POINT

焦がしバターは焦がしたものでなく、いい色になるまで加熱したものを指します。バターに含まれる脂以外の成分が沈殿物になるので、それをバターの脂の中で揚げるようにして加熱します。フランス語ではブールノワゼットといい、ブールはバター、ノワゼットはヘーゼルナッツのこと。茶色になったバターの色がヘーゼルナッツの色に似ているため。

5
弱火のまま混ぜながら加熱を続け、沈殿物が軽く茶色に色づき始めたところで火を止める。

6
沈殿物全体が茶色になるまでスプーンでかき混ぜる。
※バターは高温になっていますのでやけどに注意してください。

7
全体が茶色になったところで鍋を水につけ、それ以上焦げないようにする。

8
薄力粉、ココアパウダー、アーモンドプードル、粉糖をこし器に入れ、ふるいながらボウルに加える。

RECIPE 10

9 卵白を加えて混ぜる。

10 7の焦がしバターを加える。

11 全体が均一になるまで、よく混ぜ合わせる。

12 生地を絞り袋に入れて型に入れる。絞り袋がない場合は、効率は悪いがスプーンでもできる。

POINT

シリコン型やフッ素樹脂加工された型には油を塗らなくてもいいですが、それ以外の型には溶かしバターやサラダ油を塗ります。

13 180℃に予熱したオーブンで15分焼く。

14 常温までさめたら型から取り出す。

15 コーティングチョコを湯煎で溶かす。

POINT

市販のコーティングチョコの場合、電子レンジでは部分的に焦げてしまうこともあるので湯煎がベター。フィナンシェが浸かるように150〜200gと多めに溶かしましょう。

16

コーティングチョコを小さい深さのある容器に移し替えてフィナンシェをくぐらせる。

17

チョコをかけたらセロファン紙やステンレスバットの上に置く。

POINT

コーティングチョコにくぐらせたらフィナンシェを振って、チョコをよくきってから置くこと。

18

チョコレートがかたまる前にナッツやフリーズドライフルーツなどを飾る。

POINT

常温でなかなかたまらない場合は、少し冷蔵庫や温度の低いところに置いてしっかりとかたまらせてからセロファン紙をはがします。

memo

残ったコーティングチョコは、バットや保存容器などに入れて常温保存（夏場や長期間使う予定がないときは冷蔵保存）し、次回に溶かして使います。ドライフルーツとナッツのチョコがけ（P44）、ロリポップチョコ（P48）などを作って一度に使ってもいいでしょう。

19

でき上がり。

★ きれいに仕上げるポイント

生地は同じ量にする
フィナンシェの大きさをそろえるために、生地は型に流す高さを均一にして同じ量になるようにする。

コーティングも同じ量を
コーティングもすべてを量、かけ方ともに同じにそろえる。

デコレーションは彩りよく
彩りのバランスを意識して。ほかにもアラザンなどを使ってもよい。

CHOCOLATE COLUMN

フランスのバレンタインとクリスマス

日本とは違う
お菓子との関係

チョコレートといえばなんといっても日本ではバレンタインですね。
ただ、ご存知の方も多いようにバレンタインデーにチョコレートを贈る習慣があるのは日本だけです。フランスでは「恋人の日」と呼ばれ、男性側からバラの花束やアクセサリーを贈ります。
フランスでチョコレートが街にあふれるのはむしろ4月のイースターで、卵やうさぎの形をしたチョコレートがスーパーマーケット、パン屋さん、お菓子屋さんに並んで華やかです。
クリスマスのお菓子については、フランスのスーパーでは12月に入ると子ども向けの「お菓子つきクリスマスまでのカウントダウンカレンダー」が売り出されます。その日づけの部分には小さなお菓子やチョコレートが入っていて、子どもたちはクリスマスまであと何日、とワクワクしながらお菓子を1個ずつ食べていくのです。
12月の街はクリスマスプレゼントを買い求める人々で賑わいます。でもクリスマス当日は街のレストランもお店も閉まっているので、本当に静かです。

そして当日は必ず家族、親族と過ごし、お互いにプレゼントを贈り合います。プレゼントにはマフラーや手袋、本、男性にはアルコール類、女性には香水などなど。
パリに住む人々もその時期はギュウギュウにプレゼントを詰めた大きなスーツケースを持って両親のいる実家に帰ります。また、クリスマスに食べるデザートにはビュッシュドノエルのほかイタリアのクリスマス菓子のパネットーネやパンドーロ。ボンボンショコラなどのチョコレート菓子も欠かせません。
古典的なビュッシュドノエルはバタークリームで作り、薪のような形と木の皮の質感にしますが、最近のビュッシュドノエルは数種類のムースを組み合わせて作り、薪のような形にはしますが現代的なデザインで、表面はツヤっとしたグラサージュで仕上げてあります。
ビュッシュ（薪）というよりは大きなかまぼこ（？）と言ったほうが近いかもしれません。
クリスマスケーキも時代とともに変わってきているというわけです。

Cookies aux Pépites de Chocolat

RECIPE 11

ソフトチョコチップクッキー

クッキーの外側はカリッと、中心はソフトに焼き上げるアメリカ風のホームメイドクッキー。
お好みのドリンクとティータイムを楽しむのにぴったりなお菓子です。
砂糖をきび砂糖などにしたり、チョコレートを70％以上の高カカオにしたり、
甘めが好きならミルクチョコを使ったり、ナッツを加えたりとアレンジもできます。
アメリカンサイズで1枚を大きめに作りました。

材料（直径約10cm×10枚分）

無塩溶かしバター　120g
ブラウンシュガー　120g
グラニュー糖　60g
塩　3g
バニラエクストラクト　小さじ1
（またはバニラエッセンス数滴）
全卵　1個
薄力粉または中力粉　160g
重曹　小さじ1/2（2g）
チョコレートチャンク（塊）、チョコチップなど　150g
※クッキーが甘いので、ブラックチョコがおすすめ。
　甘いのが好きな方はミルクチョコで。

準備するおもな道具

ボウル、ホイッパー、ゴムベラ、こし器、クッキングシート、スケール

こし器　　　　　ホイッパー、ゴムベラ

準備

- オーブンを180℃に予熱する。

Cookies aux Pépites de Chocolat

作り方

1. ボウルに溶かしバターを入れ、砂糖を加えて混ぜる。

2. 塩を加えて混ぜる。

3. 卵を割り入れ、よく混ぜ合わせる。

4. 薄力粉、重曹をふるって加える。

5. ゴムベラでざっくり混ぜる。

6. チョコレートを粗く刻む。チョコチップならそのままでOK。

7. チョコレート100gを生地に加え、軽く混ぜて冷蔵庫で1時間冷やす。

8. 生地を冷蔵庫から取り出して10等分（1個60gほど）の大きさに分け、クッキングシート（写真はシリコンマット）にのせる。

POINT

クッキー生地は焼いているうちに大きく広がるので、間隔は大きめにとります。

RECIPE 11

POINT

生地はまん丸ではなく、底がつぶれたボール状にした方が、丸くきれいに広がります。

9
残しておいたチョコレート50gを生地に貼りつける。

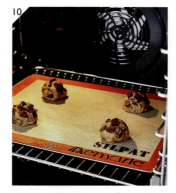

10
180℃に予熱したオーブンで10分焼く。クッキーの端が茶色になるくらいまで焼く。

11
常温までさます。

POINT

オーブンから出したてのクッキーはとてもやわらかいので動かさないこと。冷えるとかたくなってきます。

memo

このクッキーでは重曹の代わりにベーキングパウダーは使わない方がいいでしょう。ベーキングパウダーだとでき上がりの形、焼け具合、そして味も変わってきます。

12
でき上がり。

★
―― きれいに仕上げるポイント ――

大きさをそろえ、厚さを均一に

生地は1個ずつスケールで重さを量って、大きさをそろえる。

さめるまで触らない

焼き上がったときはやわらかいので、しっかりとさめるまでクッキーには触らないこと。

67

Chocolat des Neiges

RECIPE 12

ココアスノーボールクッキー

ひと口サイズなのでつい手が伸びてしまう食べやすいクッキーです。
卵や水分を加えないので、サクッとほろっと口の中で砕ける独特の食感が生まれます。
白い粉糖がまるで雪のようなので、この名がつきました。
きれいにラッピングすればちょっとしたプレゼントにも最適です。
材料もシンプルで、電子レンジだけで気軽に作れるのもうれしい！

材料（15〜18個）

薄力粉　100g
無糖ココアパウダー　20g
砂糖（グラニュー糖、上白糖、粉糖いずれも可）　20g
塩　ひとつまみ
無塩溶かしバター　50g
仕上げ用粉糖　適量

準備するおもな道具

ボウル、こし器、ゴムベラ、クッキングシート、
フリーザーバッグ、スケール

こし器　　　ゴムベラ

Chocolat des Neiges

作り方

1

ボウルに砂糖、塩、薄力粉とココアパウダーをふるって入れる。

2

ゴムベラで軽く混ぜ合わせる。

3

溶かしバターを加えてゴムベラで混ぜる。

4

1個当たり10～12gに生地を取り、手でギュッとかためる。

POINT

力を入れてひとまとまりになるよう、かためます。

5

手できれいな球状になるようにまとめる。

POINT

手のひらでころがしながら直径2～3cmの大きさの団子を作ります。

6

耐熱皿（電子レンジの皿など）にクッキングシートを敷き、5のクッキー生地を並べる。

7

600Wの電子レンジで2分加熱して取り出し、しっかりとさます。

RECIPE
12

8
フリーザーバッグにクッキー、仕上げ用の粉糖を入れ、袋をそっと振ってクッキーに粉糖をまぶす。

POINT

クッキーに熱が残っていると油分がにじみ出て粉糖を湿らしてしまうので、きれいに仕上がりません。きちんとさましてから粉糖をまぶすこと。

9
保存は常温で。

10
でき上がり。

memo

お好みでクッキー生地の中に刻んだくるみなどのナッツを入れてもおいしいですし、仕上げに粉糖ではなくココアパウダーをまぶしても。

☆
きれいに仕上げるポイント

生地は同じ大きさにする
形がそろっているときれいなので、スケールで1個当たりの重さを量って同量にする。

まずギュッとかためる
生地を手でギュッとかためてから丸めると、形が崩れずきれいな球状ができる。

しっかりさましてから粉糖を
粉糖をまぶすときは、生地がしっかりさめてから。全体にまんべんなく粉糖がつく。

71

CHOCOLATE COLUMN

スイーツをきれいに仕上げるには

全体の見せ方

形をそろえる

クッキーやフィナンシェなどは大きさがそろっているときれいです。面倒でも1個ずつきちんと重さを量ってそろえる、長さはものさしを使って測るなどの手間をかけることが必要です。
複数の型に流すときも、同じ量になるように注意しましょう。

▶ 重さを量る

1g単位で量れるデジタルスケール（はかり）は必需品。

クッキーなどは重さをそろえて量ってから形を整える。

▶ 長さを測る

ものさしはスポンジを同じ大きさに切るときなどにも使う。

全体の生地から必要な分量を減らしていく量り方は、余分なものを汚さずに便利。

ひとつの容器に分けて生地を注ぐときは、なるべく高さをそろえる。

同じ大きさの生チョコにするときは、長さを測りながら切る。

きちんと切る

ケーキなどは、切り口がきちんとしていることがきれいに見えるポイントです。
そのためには切れのいい包丁でスパッと切ること。
やわらかくて切りにくいときはさましたり、冷蔵庫に入れて冷やしてから切ってください。

▶ 切り口を鋭くする

切れのいい包丁で切り口をスパッとさせて切る。

そのための包丁は…

包丁は温めてから切ると切れが良い。直火で短時間あぶって温めること。

↓

1回ずつふきんで拭いたり洗って包丁についたクリームを取りながら切ることも大事。

▶ スポンジを切り分けるときは、平行にまっすぐ切る

まっすぐ切るには楊枝をさして目安をつけるとやりやすい。

↓

楊枝に沿って包丁を入れ、平行に切る。

CHOCOLATE COLUMN

デコレーションの コツ

道具を用意する

きれいに仕上げるために、やはり道具は大事です。
作りたいお菓子に合わせて、最低限必要なお菓子専用のものをそろえましょう。
まずは以下のものがあるとラクにできて便利です。

▶ きれいにデコレーションするのに必要な道具

パレットナイフ
クリームを広い面に塗るときに必要。

カード
クリームをスポンジの側面に塗るときに使う。

絞り袋
口金はまずは丸型か星型を用意。衛生面を気にするならビニール製で使い捨てできる絞り袋を選ぶこと。

回転台
クリームをきれいに塗るためにはぜひ用意したい。回しながら塗ると、均一な力でなめらかに塗ることができる。

小さいこし器
仕上げにココアパウダーなどを振るときに。目の細かいものがよい。

クリームを塗るときのポイント

クリームがきれいに塗ってあると、ケーキ全体のイメージがアップします。
デコレーションのときの生クリームは八分立てに。
塗り広げるときはややわらかいほうが塗りやすいです。

1. クリームは真ん中に置いてパレットナイフで塗り広げる。

2. まずは真ん中から外へ、全体に塗り広げる。

3. 側面は回転台を回しながらカードで平らにならす。

4. 上面は外側から内側へ。回転台を回しながら、全体を真ん中に集めるように塗る。

5. 上面をならして仕上げる。

POINT 1
きれいに塗れなかったときは、ドライフルーツやフルーツなどを飾るとカバーできる。

POINT 2
飾りにはナッツやアラザン、カカオニブなどを使ってもよい。

アラザン　　　　カカオニブ

▶ 仕上げのパウダーできれいに

切るなどのプロセスでココアパウダーが乱れたときは、最後に改めてまんべんなくパウダーを振るときれいな仕上がりに。小さいこし器（茶こしなど）を使って、パウダーが均一にかかるように意識する。

PART 3

みんな大好き！
季節のケーキ

フランスのパティスリーやブランジェリーで売られているケーキ類が日本のケーキと大きく違うのは、スポンジ生地が主体のケーキは少ないこと、生クリームが塗ってあるもの、絞ってあるものはあまり見かけないということです。
こちらではツヤっとしたグラサージュがかけてある、シンプルできれいなデコレーションの、ムース主体のアントルメ（デザート）が主流です。
また、「おしゃれにデコレーションするコツ」についてですが、まずは自分でいいと思ったデザインを参考に、真似て作ってみるのがいいかと思います。僕の場合はシンプルなものが好きなので、デコりすぎないようにしています。ほかにはケーキ本体はビシッときれいな形に作り、デコレーションやフルーツはあまり放射状には配置しない、ということぐらいでしょうか。

Gâteau Opéra au Chocolat Rubis

ルビーチョコのガトーオペラ

最近人気のあるルビーチョコを使ったケーキです。
ルビーチョコはやや酸味があり、フルーティーでフランボワーズ(ラズベリー)を
連想させるような味ですから、ラズベリージャムと組み合わせたガトーオペラにしました。
バタークリームもピンク色にして色の統一感を出し、
目のさめるような赤色が珍しいガトーオペラのでき上がり!

材料(仕上がり12×16cm)

<生地(ビスキュイジョコンド)>
(30×40cm天板1台分)
全卵 2個
グラニュー糖 80g
アーモンドプードル 70g
薄力粉 20g
卵白 60g(2個分)

<ガナッシュ>
ルビーチョコレート 100g
生クリーム 50mℓ
無塩バター 50g

<バタークリーム>
無塩バター 100g
粉糖 50g
生クリーム 30mℓ
ピンク着色料 1〜2滴

<シロップ(アンビバージュ)>
熱湯 100mℓ
砂糖 10g
ブランデーやキルシュなどの洋酒、
またはバニラエッセンス 少々

<上がけ用>
ラズベリージャム 80g
粉ゼラチン 2g
水 10mℓ

<デコレーション>
ラズベリー 適量
ミント 適量

準備するおもな道具

ボウル、ホイッパー、ハンドミキサー、
こし器、ゴムベラ、クッキングシート、
耐熱ボウル、刷毛、パレットナイフ

ハンドミキサー   パレットナイフ

準備

- オーブンを220℃に予熱する。
- 天板に30×40cmのクッキングシートを敷く。

Gâteau Opéra au Chocolat Rubis

ビスキュイジョコンドの作り方

1

ボウルに全卵とグラニュー糖60gを入れて混ぜる。

2

アーモンドプードルと薄力粉をふるって加える。

3

ホイッパーでよく混ぜ合わせる。

4

別のボウルでメレンゲを作る。卵白をハンドミキサーで軽く泡立てたらグラニュー糖20gを一度に入れる。

5

メレンゲを3に加えてゴムベラで混ぜ合わせる。

6

約20回ほど、メレンゲが見えなくなるまで混ぜる。

7

クッキングシートを敷いた天板に6の生地を流し入れて平らにならす。

8

220℃に予熱したオーブンで10分焼く。220℃に設定できない場合は、200℃で12分焼く。

9

焼き上がったらすぐに天板からはずし、乾燥しないようにクッキングシートなどをかぶせておく。

RECIPE 13

ガナッシュの作り方

1
ルビーチョコを600Wの電子レンジで30秒ずつ加熱。その都度混ぜて溶かし、40～50℃の温度にし、生クリームを加える。

2
ホイッパーでよく混ぜ合わせる。

POINT

- チョコレートを溶かす目安の時間は30秒ずつ3回で計1分30秒ほど。
- 生クリームは常温にして使いましょう。
- ルビーチョコは生クリームやバターなどのアルカリ性のものと混ざると、色がくすんだように変化します。

3
常温になったら、やわらかくしたバターを加えて混ぜる。

4
冷蔵庫に入れて冷やし、ときどき取り出してホイッパーで混ぜて、塗るのにちょうどよいかたさに調節する。

バタークリームの作り方

1
バターをレンジで15秒ずつ様子をみながら何回かに分けて加熱してやわらかくし、生クリームと粉糖を加えて混ぜる。

POINT

バターは塊よりも小さく切ってからの方が加熱ムラは少ないでしょう。小さく切ったバターを、15秒ずつ様子をみながらやわらかくし、少しやわらかくなったらホイッパーで混ぜてポマード状にします。

2
着色料を1滴ずつ加えて混ぜ、好みの色にする。

仕上げ

1 シロップを作る。熱湯と砂糖を容器に入れ、よく混ぜて砂糖を溶かし、洋酒やバニラエッセンスを加えて香りをつける。

2 P80、9の生地からクッキングシートをはがす。

3 4等分に切る。

4 生地に刷毛で1のシロップをたっぷりとしみ込ませる。

POINT
ガナッシュとバタークリームは塗りやすいかたさに調節しておきます。

5 バタークリームの半量を生地の上にのせてならす。

6 生地をのせて同じようにシロップをしみ込ませる。

7 ガナッシュの半量をのせてならす。

8 同じ工程をもう一度繰り返してきれいな層を作り、冷蔵庫で冷やしておく。

RECIPE 13

9
ラズベリージャムをレンジで40秒ほど、軽く温めてからこし器に入れてこす。

10
種を取り除いたら軽く混ぜる。

11
ゼラチンを水でふやかし、レンジで15秒ほど温めてジャムに加えて混ぜ、常温までさます。

12
8のケーキの上に11のラズベリージャムを流し、パレットナイフでならす。

13
冷蔵庫で最低1時間は冷やす。

14
温めた包丁でケーキの端を切り落とす。

15
ラズベリーやミントを飾る。少し常温に戻してバタークリームをやわらかくしてから食べるとよりおいしい！

★
――― きれいに仕上げるポイント ―――

生地は
大きさを均一に

4等分にするときは、大きさを均一にする。ものさしで測って切るとよい。

クリームを
均一に塗る

パレットナイフでクリームを平らに塗って、均一で平行な層を作る。

温めた包丁で
シャープに切る

包丁は熱湯などにつけ、温めながら切る。一度切ったら包丁をふきんなどで拭いて、きれいにしてから次を。ケーキの角が直角になるように切る。

Gâteau Poire Chocolat

RECIPE 14

洋梨のガトーショコラ

おなじみのガトーショコラに、洋梨を豪快に丸ごと入れて焼き上げました。
フランスでは洋梨のコンポートやローストにチョコレートをかけて食べることもあります。
洋梨とチョコレートは大変よく合う人気の組み合わせ。
濃厚なガトーショコラには、洋梨の香りとジューシーさがとてもよくマッチします。

材料（18×8cmパウンド型1台分）

A ┌ 洋梨　小さめ2個
　└ グラニュー糖　5g

ブラックチョコレート（カカオ分70％前後）　100g
牛乳　20㎖
無塩バター　50g
グラニュー糖　70g
全卵　2個
アーモンドプードル　40g
塩　ひとつまみ
薄力粉　20g
ベーキングパウダー　小さじ1/2(2g)

準備するおもな道具

耐熱ボウル、ボウル、ホイッパー、こし器、
クッキングシート、パウンド型、ゴムベラ

こし器　　　　　　ホイッパー、ゴムベラ

▶ 準備

・ 型にクッキングシートを敷き込む。
・ オーブンを180℃に予熱する。

Gâteau Poire Chocolat

作り方

1　ピーラーなどで洋梨の皮を薄くむく。

POINT
洋梨はかたすぎず、やわらかすぎず、適度に熟しているものを選びます。

2　Aのグラニュー糖を振りかけて、ラップなしで600Wの電子レンジで3分加熱し、さましておく。

3　耐熱ボウルにバター、チョコレート、牛乳を入れる。

4　レンジで1分ほど加熱して取り出し、混ぜながら溶かす。

5　ボウルに全卵を割り入れ、グラニュー糖を入れて、ホイッパーで混ぜ合わせる。

6　5に4を加える。

7　ホイッパーでよく混ぜる。

8　アーモンドプードル、塩、薄力粉、ベーキングパウダーをふるって加える。

RECIPE
14

9
ホイッパーでよく混ぜ合わせる。

10
クッキングシートを敷き込んだ型に 9 を流し入れる。

POINT
生地がかたよらないようにまんべんなく流し入れます。

11
2 の洋梨を入れる。

12
180℃に予熱したオーブンで40分焼く。

13
常温までさます。

14
でき上がり。

memo

洋梨が入っているので、保存は冷蔵庫で！

Mousse au Chocolat Blanc et au Matcha

抹茶ホワイトチョコムースケーキ

濃厚で口溶けのよいホワイトチョコムースとほろ苦い抹茶ムースの組み合わせ。
鮮やかな抹茶の緑とその香りがホワイトチョコを引き立ててくれます。
作るときは1層目がきちんとかたまってから2層目を流すのがポイントです。
2層構造の色違いのムースに、鏡のように仕上がるグラサージュをかけて
美しいケーキになりました。

材料（直径15cm丸型1台分）

<土台>
ビスケット　90g
無塩溶かしバター　20g

<ホワイトチョコムース>
粉ゼラチン　6g
水　30㎖
生クリーム（乳脂肪分35％）　250㎖
ホワイトチョコレート　150g

<抹茶ムース>
※ホワイトチョコムースの半量に以下のAを加える

A ┌ 抹茶　6g
　├ グラニュー糖　10g
　└ 湯　20㎖

<グラサージュ>
粉ゼラチン　2g
水　10㎖
抹茶　大さじ1/2(3g)
グラニュー糖　20g
湯　20㎖
生クリーム　20㎖

準備するおもな道具

丸型、フリーザーバッグ、めん棒、ボウル、耐熱ボウル、ゴムベラ、ハンドミキサー、スプーン、ムースフィルム、ラップ、こし器

丸型、ムースフィルム

準備

- 丸型の底はラップで覆う。ムースフィルムがあれば、側面に貼りつけておくと取りはずしやすくてよい（詳しくはP93参照）。

Mousse au Chocolat Blanc et au Matcha

作り方

1 ビスケットをフリーザーバッグに入れて、めん棒などで砕く。

2 ボウルに溶かしバターを入れ、砕いたビスケットを加えて、混ぜ合わせる。

3 平らな器にラップで底を覆った型を置き、2を入れてコップなどで平らに押しかため、冷蔵庫に入れる。

4 ムース用の粉ゼラチンに水を加えてふやかしておく。

5 抹茶ムースの材料Aのふるった抹茶とグラニュー糖を混ぜ、湯を加えてよく混ぜておく。

6 ボウルにムース用の生クリームを入れ、ハンドミキサーで泡立てる。

7 六〜七分立てに泡立てる。

8 耐熱ボウルにホワイトチョコを入れ、600Wの電子レンジで30秒ずつ加熱し、取り出してその都度混ぜながら溶かす。

POINT

加熱の目安時間は30秒ずつ4回で計2分ほどです。60℃前後の温度にします。混ぜてなめらかになるころが、ちょうどそのくらいの温度になります。

RECIPE 15

9

7の泡立てた生クリームをひとすくいずつ8に加え、その都度混ぜてなじませる。

10

生クリームが半量以下になるまで加えたら、7の生クリームのボウルに戻し入れて、均一になるまで混ぜる。

11

4のふやかした粉ゼラチンをレンジで20秒温めて溶かし、10の生クリームを大さじ3ほど加えて混ぜ、なじませる。

12

11を10に戻し入れ、均一になるまで混ぜて半量に分ける。

13

ムースの半量に5の抹茶を加え、抹茶ムースを作る。

14

抹茶ムースを3の型に流し入れる。

15

平らにならして冷凍庫に20分入れる。

16

表面を指で触っても抹茶ムースがくっつかないようなら冷凍庫から取り出し、残り半量のホワイトチョコムースを流し入れる。

17

平らにならして冷凍庫に20分入れる。

仕上げ

1 抹茶のグラサージュを作る。粉ゼラチンに水を加えてふやかしておく。

2 ふるった抹茶とグラニュー糖を混ぜる。

3 湯を加えて、なめらかになるまで混ぜる。

4 1のふやかしたゼラチンをレンジに20秒かけて溶かし、3をこしながら加える。

5 よく混ぜ合わせる。

6 グラサージュ用の生クリームを加えて混ぜ、常温までさます。

7 冷凍していたムースを取り出し、表面に6を流し入れる。

8 冷蔵庫に3時間入れて冷やす。

9 型を取りはずす。

RECIPE 15

POINT

ムースフィルムを貼りつけない場合は、熱いタオルを巻きつけて、型を温めてからはずします。

でき上がり。

memo

型の底をラップで覆うときは、丸型の底より少し大きめに丸く切り、底を包み込みます。側面はムースフィルムを密着させながら貼りつけます。ムースフィルムがないときは型に直接ムースを流しますが、ムースフィルムがあった方がはずすときにラクにきれいにできます。ムースフィルムは製菓材料店や通販で買うことができます。

――― きれいに仕上げるポイント ―――

ムースを入れるときは側面を汚さずに

抹茶のムースは、層のいちばん下になるので、入れるときは、型の側面を汚さないように気をつけながら入れる。

きちんとかたまってから流し入れる

ムースやグラサージュを流し入れるときは、きちんとかたまっていることを確認してから流す。

グラサージュは常温にさましてから流す

最後にグラサージュを流すときは、必ず常温までさましてから。

Forêt Noire

フォレノワール

フランス語でフォレは森、ノワールは黒を意味する「黒い森」という名前のケーキ。
ドイツの「シュヴァルツヴェルダー・キルシュトルテ」という
名前のお菓子がオリジナルです。
さくらんぼから作るキルシュというお酒を使って、さくらんぼの風味がつけてあるのが特徴。
生のさくらんぼが手に入ったらぜひ作りたいケーキです。

材料（直径15cm丸型1台分）

＜ココアスポンジ＞
全卵　3個
グラニュー糖　90g
牛乳　25ml
薄力粉　70g
無糖ココアパウダー　20g
無塩溶かしバター　25g

＜シロップ＞
水　50ml
グラニュー糖　30g
リキュール（キルシュやコアントロー）、
ブランデーなど　大さじ1（15ml）

＜クリーム＞
生クリーム　200ml
グラニュー糖　20g
キルシュ　大さじ1（15ml）

さくらんぼ（生がなければ缶詰で）　15個
飾り用チョコレート　適量

準備するおもな道具

湯煎用の鍋、ボウル、ホイッパー、
ハンドミキサー、ゴムベラ、
こし器、耐熱ボウル、スプーン、
丸型、クッキングシート、
刷毛、温度計

ハンドミキサー

刷毛

温度計

準備

- 型にクッキングシートを敷き込む。
- オーブンを170℃に予熱する。

ココアスポンジの作り方

1
ボウルに全卵とグラニュー糖を入れて湯煎をし、ホイッパーで混ぜながら40℃くらいまで温める。

POINT

湯煎のお湯の温度は50～60℃。卵を温めるとコシが切れ、泡立ちやすくなりますが、湯煎中に泡立てる必要はありません。

2
湯煎からはずし、ハンドミキサーで泡立てる。

3
生地をたらした跡が簡単に消えないくらいまで、泡立てる。

4
牛乳を加え、ゴムベラで30回ほど混ぜる。

5
薄力粉、ココアパウダーをふるって加える。

6
ゴムベラで粉が見えなくなるくらいまで混ぜる。

7
溶かしバターに6の生地を大さじ3ほど加える。

8
よく混ぜ合わせてなじませる。

RECIPE 16

9
8を6に加えて、15回ほど混ぜる。

10
クッキングシートを敷き込んだ型に9の生地を流し入れる。

11
軽く打ちつけて、空気を抜く。

POINT
焼く前に型を軽く打ちつけることで大きな気泡を抜きます。

12
170℃に予熱したオーブンで、40分焼く。

13
焼き上がったら、型をはずしてさましておく。

▶ シロップの作り方

耐熱ボウルに水とグラニュー糖を入れて600Wの電子レンジに1分かけ、キルシュを加える。

memo
キルシュはさくらんぼのリキュールです。なければコアントローやブランデーでもOK。

▶ クリームの作り方

1

ボウルに生クリーム、グラニュー糖、キルシュを入れる。

2

氷水で冷やしながら、ハンドミキサーでしっかり泡立てる。

POINT
スポンジを重ねたときにずれないように、八分立てより少しかために仕上げます。

▶ 仕上げ

1

スポンジを3枚に切り分ける。

2

さくらんぼは飾り用を残して半分に切り、種を除く。

3

スポンジにシロップを刷毛で塗り、しみ込ませる。

POINT
生地にシロップをしみ込ませてしっとりとさせるのがコツ。シロップはスポンジ3枚分で使い切るようにします。

4

スポンジにクリームの1/3量をのせて、広げる。

5
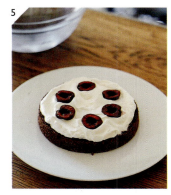
さくらんぼを均等に置く。

RECIPE 16

6
2枚目のスポンジをかぶせ、同じようにシロップを塗り、クリームをのせる。

7
2枚目もさくらんぼを飾ったら3枚目も同様に作る。

8
チョコレートを包丁などで削る。

POINT

冷たくてかたいチョコレートは削りにくいので、常温にしておきます。削る部分を手で温めながら削っても○。包丁の刃や背、ピーラーなどによって、それぞれ違う形状のスライスができるのでお好みのものを！

9
さくらんぼをきれいに配置して飾り、削ったチョコを振る。

10
でき上がり。飾りのチョコレートは高カカオ分でなく、普通の板チョコでもOK。

☆
――― きれいに仕上げるポイント ―――

スポンジの厚さをそろえる
3枚のスポンジの厚さを均一にそろえて切る。

スポンジを平らに切る
楊枝で平行になるよう目安をつけ、楊枝に沿って切るとよい。

クリームの厚さも同じにそろえる
クリームの厚さもすべて同じにすると、仕上がりがきれいに見える。

Gâteau au Chocolat et à la Framboise

チョコレートとフランボワーズの
レイヤーケーキ

ふんわり焼き上げたココアスポンジに、
濃厚なガナッシュクリーム(生チョコホイップクリーム)をたっぷり使い、
酸味のあるフランボワーズ(ラズベリー)ジャムをサンドして仕上げた
大人も大好きなチョコレートケーキです。
チョコレート好きのためのクリスマスケーキとしてもおすすめ!

材料(直径15cm丸型1台分)

\<ココアスポンジ\>
全卵　3個
グラニュー糖　90g
牛乳　25㎖
薄力粉　70g
無糖ココアパウダー　20g
無塩溶かしバター　25g

\<シロップ\>
水　50㎖
グラニュー糖　30g

\<生チョコホイップクリーム\>
ブラックチョコレート(カカオ分55%前後)
　120g
生クリーム(乳脂肪35%)　200㎖

ラズベリージャム　80g
※解凍した冷凍のラズベリーでもよい

\<飾り用\>
ラズベリー、フリーズドライラズベリー、
ナッツなど　各適量

準備するおもな道具

湯煎用の鍋、ボウル、ホイッパー、
ハンドミキサー、ゴムベラ、
こし器、耐熱ボウル、スプーン、
丸型、クッキングシート、刷毛、
パレットナイフ、回転台、温度計

パレットナイフ

回転台

刷毛

温度計

▶ 準備

- 型にクッキングシートを敷き込む。
- オーブンを170℃に予熱する。

Gâteau au Chocolat et à la Framboise

ココアスポンジの作り方

1 ボウルに全卵とグラニュー糖を入れて湯煎をし、ホイッパーで混ぜながら40℃くらいまで温める。

POINT
湯煎のお湯の温度は50〜60℃に。卵を温めるとコシが切れ、泡立ちやすくなりますが、湯煎中に泡立てる必要はありません。

2 湯煎からはずし、生地をたらした跡が簡単には消えないくらいまで、ハンドミキサーで泡立てる。

3 牛乳を加え、ゴムベラで数回混ぜる。

4 薄力粉、ココアパウダーをふるって加える。

5 ゴムベラで粉が見えなくなるくらいまで30回ほど混ぜる。

6 溶かしバターに5の生地を大さじ3ほど加えて混ぜ、なじませる。

7 6を5に加えて、ゴムベラで15回ほど混ぜる。

8 クッキングシートを敷き込んだ型に7の生地を流し入れる。

9 軽く打ちつけて、空気を抜く。

10 170℃に予熱したオーブンで、40分焼く。

11 焼き上がったら、型をはずしてさましておく。

生チョコホイップクリームの作り方

1 耐熱ボウルにチョコレートを入れ、600Wの電子レンジで30秒ずつ加熱し、その都度混ぜて溶かし、生クリームを加える。

> **POINT**
> チョコレートは生クリームと混ぜたときにかたまらないように、レンジで様子をみながら30秒ずつ加熱。（目安は計2分ほど）その都度取り出して混ぜて溶かし、60℃前後の温度にしておきます。

2 生クリームを少しずつ加えたら、その都度ホイッパーでよく混ぜ合わせ、常温に置いておく。

仕上げ

1 スポンジを回転台に置き、スポンジの上の部分を包丁で薄く切り落とす。

2 スポンジを横3等分に切る。

> **POINT**
> 包丁は平行に保ち、回転台を回しながら切るとうまく切れます。

3

シロップを作る。水とグラニュー糖をレンジで1分加熱して混ぜ、刷毛で1枚目のスポンジにしみ込ませる。

4

ジャムを半量塗る。
※解凍した冷凍ラズベリーを使う場合は、生チョコホイップクリームを塗ったあとにのせる。

5

生チョコホイップクリームを軽く泡立てて、塗りやすいかたさにする。泡立てすぎるとかたくなって塗りにくくなるので注意。

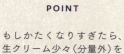

POINT

もしかたくなりすぎたら、生クリーム少々（分量外）を追加しながらゴムベラで混ぜます。

6

4にクリームの1/4量を塗る。

7

パレットナイフできれいに塗り広げる。

8

2枚目のスポンジを重ね、シロップ、残りのジャム、クリームの1/4量を塗る。

9

3枚目のスポンジには、シロップと残りのクリームを塗る。

10

回転台を回しながらケーキ全体にクリームを塗る。

RECIPE 17

11 側面からならし、上面を整える。

12 フリーズドライラズベリーを砕く。

13 ケーキの側面に貼りつける。砕いたナッツを貼ってもよい。

14 上にラズベリー、ナッツなどをのせて飾る。

15 冷蔵庫で2〜3時間冷やしてでき上がり。

16 適当な大きさに切り分ける。

★
——— きれいに仕上げるポイント ———

**側面は
カードを使うとよい**

クリームを全体にまんべんなく塗ったら、側面からきれいにする。カードを当てて固定し、回転台をスーッと回す。

**上面はパレットナイフで
外から内に**

側面がきれいになったら、上面を整える。パレットナイフで外側から内側に向けて動かす。

真ん中に集める

外側から内側へ、ぐるっと真ん中に集めるように塗って平らにする。うまくいかなかったときは、フルーツなどを飾ってカバー。

Bûche de Noël

RECIPE 18

ビュッシュドノエル風ロールケーキ

ビュッシュドノエルはクリスマスの薪を意味するフランスのクリスマスケーキです。
クリスマスが近づくとパン屋、ケーキ屋、スーパーに並ぶようになります。
このレシピでは木の質感を表すためにチョコフレークを貼りつけ、
ザクザクな食感も楽しめるようにしました。
アレンジでサンタさんをのせたかわいいクリスマスデコレーションもご紹介します。

材料（23cm長さ1本分）

＜ロールケーキスポンジ＞
（26cm角スクエア型1台分）
卵黄　3個
グラニュー糖　60g
サラダ油　25g
牛乳　25㎖
薄力粉　45g
無糖ココアパウダー　20g
卵白　90g(3個分)

＜チョコレートホイップクリーム＞
ブラックチョコレート（カカオ分55％前後）
　80g
生クリーム（乳脂肪35％）　300㎖

＜チョコフレーク＞
コーンフレーク　100g
ミルクチョコレート　80g

飾り用粉糖　適量

▶準備

- 型にクッキングシートを敷き込む。
- オーブンを180℃に予熱する。

準備するおもな道具

耐熱ボウル、ホイッパー、ボウル、こし器、ハンドミキサー、ゴムベラ、スクエア型、クッキングシート、パレットナイフ、温度計

ハンドミキサー

パレットナイフ

スクエア型

Bûche de Noël

チョコレートホイップクリームの作り方

1

耐熱ボウルにチョコレートを入れ、600Wの電子レンジで30秒ずつ加熱する。（目安は計1分30秒ほど）

2

取り出してその都度ゴムベラなどで混ぜて溶かす。

3

常温にした生クリームを少し加える。

4

ホイッパーでチョコレートとよく混ぜ合わせる。

POINT

チョコレートは温度が低いとかたまるので、60℃前後の温度にしておく。

5

残りの生クリームを少しずつ加える。

6

その都度混ぜて、なめらかなチョコクリームを作る。

7

ラップをして、冷蔵庫で冷やしておく。

スポンジの作り方

1 卵黄にグラニュー糖30gを加える。

2 ホイッパーでよく混ぜ、牛乳、サラダ油を加える。

3 ホイッパーでよく混ぜ合わせる。

4 薄力粉、ココアパウダーをふるって加える。

5 なめらかになるまで混ぜる。

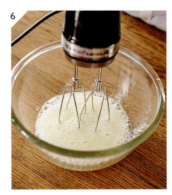

6 別のボウルに卵白を入れ、ハンドミキサーで泡立てる。

7 軽く泡立ったら、残りのグラニュー糖を2回に分けて加えながらメレンゲを作る。

8 八分立てに泡立てる。かたすぎるメレンゲは生地と混ぜるのが難しいので、泡立てすぎない。

9 メレンゲを5に3回に分けて加えながら混ぜる。

RECIPE 18

1、2回目に加えるときは、完全に混ざる前に次のメレンゲを加える。

3回目は均一に混ざるところまで混ぜる。混ぜすぎないように注意を。

クッキングシートを敷き込んだ型に流し入れる。

表面を平らにならす。

180℃に予熱したオーブンで、15分焼く。

焼き上がったら型から取り出して粗熱を取る。

乾燥しないようにクッキングシートをかぶせる。

さめたらクッキングシートをはずす。

片側（巻き終わり）が傾斜になるように、包丁で少し削ぎ落とす。

RECIPE 18

仕上げ

1 チョコレートホイップクリームを、塗りやすいかたさになるまでホイッパーで泡立てる。

2 スポンジは巻き終わりを上にして置き、1のクリームの1/3量を塗る。

3 手前が少しこんもりとなるように塗る。

4 クッキングシートをうまく利用しながら、手前から1/3ほど生地を折り返す。

5 そのまま生地を巻き上げる。

6 巻き終わりを下にして、上から残りのクリームを塗る。

POINT

クリームの表面は、あとで隠れるので神経質になりすぎなくてもいいですが、なるべく均等な厚さになるように塗ります。

7 塗り終えたら冷蔵庫に1時間ほど入れて冷やす。

8 ミルクチョコをレンジで1分30秒ほど加熱し、混ぜて溶かし、コーンフレークを加える。

9
よく混ぜて、チョコフレークを作る。

10
クリームを塗ったロールケーキの両端を切り落とす。

11
箸やピンセットなどでチョコフレークを貼りつける。

POINT
チョコフレークは木の皮に見立てて、すき間なく貼ります。

12
冷蔵庫に入れて2時間ほど冷やしたら、粉糖を振る。

13
でき上がり。

★
きれいに仕上げるポイント

**ロールケーキを
しっかりと巻き上げる**
巻きながらしめていく。力を入れすぎると形が崩れるので注意。

**クリームは
パレットナイフで塗る**
クリームはパレットナイフを使って均一な力で一気に塗る。

**チョコフレークを
びっしりと貼る**
細かい作業はピンセットが便利。重ねるようにすき間なく貼りつける方がきれい。

RECIPE 18

ビュッシュドノエル

チョコレートロールケーキを、子どもも喜ぶビュッシュドノエルにしました。
材料、作り方は同じで、仕上げだけクリスマスケーキ風にアレンジ。
サンタクロースの人形やもみの木などの飾りでクリスマス気分は満点です。

ビュッシュドノエルの作り方

※チョコレートロールケーキの「仕上げ」プロセス5まで同じ

1

両端を切り落とし、チョコレートホイップクリームをパレットナイフで塗る。

2

フォークをスーッと引くようにして、木の幹の模様をつける。

3

カカオニブ（分量外）を散らし、飾りを置く。

4

雪に見立てて粉糖を振る。

PART 4

素材にこだわった
体が喜ぶスイーツ

日本では糖質、脂肪分控えめの低カロリー素材や、小麦、卵のようなアレルゲンを含まない素材で作る「ギルトフリー」と呼ばれるスイーツが注目されていますが、フランスでも同じです。ただ、低カロリーや糖質オフが重視されている日本と違うのは、こちらでは、なによりも大事なのは、農薬と添加物が不使用なこと。

食べ物の安全性についてとても関心の高いフランスでは、年々オーガニックスーパーが増えています。無農薬野菜や添加物不使用の食品、健康食品、ベジタリアンやヴィーガン向けの食品を扱っています。このようなお店で扱うお菓子は、すべてオーガニックの原料で作られていることがほとんど。小麦粉で作る一般的なクッキーの代わりに、米パフにブラックチョコがかかっていたり、雑穀類を混ぜ込んだクッキーなどがあります。

ここでは、体にいい素材を使ったギルトフリースイーツを紹介します。

Cookies au Muesli et aux Pépites de Chocolat

シリアルチョコクッキー

食物繊維たっぷりのオーツ麦、ドライフルーツなどがミックスされたミューズリーを
まとめられる最小限の小麦粉で生地を作って焼き上げるヘルシーなクッキー。
健康を気にする人にプレゼントすると喜ばれそうです。
粉が少ない分、まとまりにくいので、手は使わずフォークで押し広げて形を作ります。
食べごたえもあるので、忙しいときの朝食としてもおすすめしたいクッキーです。

材料（直径8〜9cm×9個）

ココナッツオイルなどお好みの植物性オイル　60mℓ
ココナッツシュガーなどお好みの砂糖　30g
ヘーゼルナッツミルクなどお好みの植物性ミルク　60mℓ
バニラエクストラクト　小さじ1
（またはバニラエッセンス2〜3滴）
薄力粉　60g
ミューズリー　150g
※ミューズリーはオーツ麦（燕麦）やドライフルーツ、
　ナッツなどのミックスシリアル。オーツ麦だけでも代用可。

ブラックチョコレート（カカオ分55％前後）　50g

準備するおもな道具

ボウル、こし器、ホイッパー、ゴムベラ、
スケール、クッキングシート、フォーク

スケール

準備

- 天板にクッキングシートを敷く。
- オーブンを170℃に予熱する。

作り方

1 ボウルに植物性オイル、砂糖、植物性ミルク、バニラを入れて混ぜる。

> **POINT**
> ココナッツオイルの場合、かたまっていたら温めて溶かしてから加えます。

2 薄力粉をふるいながら加える。

3 ホイッパーで混ぜ合わせる。

4 ミューズリーを加える。

5 ゴムベラで混ぜる。

6 チョコレートを粗く刻んで5に加える。

7 45gずつ計量してクッキングシートを敷いた天板に並べる。

8 1個ずつ間隔をあけながら天板にスプーンで並べる。

RECIPE 19

9
8をフォークでクッキーの形に成形する。

POINT

シリアルに対して生地が少なめなので、まとまりが悪く手ではうまくできません。焼成後に割れてしまわないように隙間なく、きれいな円形にフォークで押し広げるようにして形を整えます。

10
170℃に予熱したオーブンで15〜20分焼く。

11
焼けたら取り出して常温までさます。熱い状態ではまだやわらかいので、触らないこと。

12
でき上がり。

column

体が喜ぶスイーツレシピで使う材料

オイル
ココナッツオイル、太白ごま油（焙煎しない透明のごま油）、グレープシードオイルなどの植物性オイル。オリーブオイルもいいですが、クセが強いので、少量のときにだけ使うなど使い方に注意が必要です。

砂糖
ココナッツシュガー、ブラウンシュガー、きび砂糖、てんさい糖など。基本的にビタミンやミネラルが含まれている砂糖を使い、精製された上白糖やグラニュー糖はあまり使いません。はちみつも向きます。

ミルク
ヘーゼルナッツミルク、ココナッツミルク、豆乳、アーモンドミルクなど植物性のミルクを乳製品の代わりに使います。アレルギーを気にしなければ牛乳や低脂肪牛乳を使ってもいいですし、ミルクではなく水でもOK。

その他
ここでは薄力粉を少量使うレシピにしていますが、グルテンフリーでは小麦粉の代わりに米粉やそば粉などで。食物繊維やビタミン、ミネラルの豊富なシリアルや雑穀、ミューズリーなどを取り入れてもいいでしょう。

Ganache

植物性ミルクの生チョコ

乳製品がだめな方でも食べられるよう、生クリーム不使用で
カロリーも軽くした、バレンタインにもぴったりな生チョコです。
甘みは少なくてもチョコのリッチな風味で満足感は充分。
きれいに切って仕上げ、センスよくラッピングすれば
渡してうれしい、もらってうれしいプレゼントになります。

材料（13.5cm角スクエア型1台分・生チョコ2.5cm角×25個）

ブラックチョコレート（カカオ分55％前後）　200g
ヘーゼルナッツミルクなどお好みの植物性ミルク（P119参照）　100ml
無糖ココアパウダー　適量

準備するおもな道具

耐熱ボウル、ホイッパー、スクエア型、こし器（小）、
セロファン紙、ものさし、包丁

ものさし　　こし器

Ganache

作り方

1. 耐熱ボウルにチョコレートと植物性ミルクを入れ、600Wの電子レンジで1分半ほど加熱する。

2. ホイッパーでチョコレートを溶かしながら混ぜる。

3. なめらかになるまでよく混ぜる。

4. 取り出しやすいように型にはセロファン紙を敷く。

POINT

隅まできちっとセロファン紙を敷き詰めること。取り出すときに持ちやすいよう、3〜5cmほど残し、あとの余分な部分は切ります。

5. 3を型に流し入れる。

6. 冷蔵庫に入れ、3〜5時間しっかりと冷やしておく。

7. 冷えたらセロファン紙の端を持って型からはずす。

8. まな板にココアパウダーをまんべんなく敷く。

RECIPE 20

9
7の生チョコをのせ、2.5cm角になるように切る。

POINT

ガスの直火やお湯で包丁を少し温めてから切ります。切ったらその都度包丁を拭いたり洗ってきれいにします。包丁が熱すぎると生チョコが溶けるので注意。

10
生チョコを切ったらココアパウダーをこし器で振りかける。

11
側面にもココアパウダーをまんべんなくつける。

12
さらに仕上げにココアパウダーを薄く振りかける。

13
でき上がり。器や箱に入れた後も冷蔵庫で冷やしておく。

★
── きれいに仕上げるポイント ──

生チョコの大きさをそろえる
均一な大きさにするために、ものさしできちっと同じ大きさに測りながら切る。

包丁を温めて切る
ガスの直火などでさっと温める。適度に温めることでスパッときれいに切れる。

包丁をその都度きれいにして切る
1回切るごとに、ふきんで拭くか、洗って包丁についたチョコレートを取る。

Brownies

米粉のブラウニー

ベーキングパウダーを使わずに仕上げる、重量感あるブラウニーのレシピを
グルテンフリー、バター、卵不使用で再構成しました。
グルテンが含まれない米粉を使って軽めの食感になり、
バターの代わりに植物油を使うことで、
さっぱりとしたブラウニーに仕上がります。

材料（18cm角スクエア型1台分・ブラウニー9切れ）

ブラックチョコレート（カカオ分55％前後）　150g
ヘーゼルナッツミルクなどお好みの植物性ミルク（P119参照）　120mℓ
ココナッツオイルなどお好みの植物性オイル（P119参照）　50mℓ
ココナッツシュガーなどお好みの砂糖（P119参照）　40g

米粉　120g
無糖ココアパウダー　20g
塩　ひとつまみ

＜飾り用＞
ピスタチオ　5g
ペカンナッツ　9個
ドライマンゴー　20g
ドライクランベリー　20g

準備するおもな道具

耐熱ボウル、ボウル、ホイッパー、こし器、
スクエア型、クッキングシート、ゴムベラ、包丁

スクエア型

準備

- 型にクッキングシートを敷き込む。
- オーブンを170℃に予熱する。

作り方

1 ピスタチオをみじん切りにする。

2 ドライマンゴーを小さく切る。18切れ用意する。

3 ペカンナッツ、2の切ったドライマンゴー、ドライクランベリーを9等分にする。

4 耐熱ボウルにチョコレートと植物性ミルクを入れ、600Wの電子レンジで1分30秒ほど加熱する。

5 ホイッパーでチョコレートを溶かしながら混ぜる。

6 大きいボウルに移し、植物性オイルを加える。

7 砂糖、塩を加える。

8 ホイッパーでよく混ぜる。

9 米粉とココアパウダーをこし器でふるって加える。

RECIPE 21

10

ホイッパーでよく混ぜ合わせる。

11

クッキングシートを敷き込んだ型に10の生地を流し入れる。

12

後で9つに切るので、生地にゴムベラで9等分の目安となる印をつける。

13

印どおりに3のペカンナッツとドライフルーツを置く。

14

刻んだピスタチオを9つに分けて散らす。

15

170℃に予熱したオーブンで20分焼く。

16

常温までさます。

17

9つにカットしたらでき上がり。米粉の場合、グルテンがないのでとても崩れやすい。切る前に冷蔵庫でよく冷やしておくこと。

★

きれいに仕上げるポイント

飾りは等間隔に

ナッツやドライフルーツは、間隔を同じようにそろえて配置する。

えもじょわ

1980年山形県酒田市生まれ。調理師専門学校卒業後、料理人（キュイジニエ）に。2010年渡仏。2014年よりブログでお菓子と料理レシピを紹介。美しい写真とわかりやすいレシピ、作り方のコツ、フランスに関する雑記などで人気を得る。YouTube、ニコニコ動画などに料理動画を投稿し、YouTube総視聴回数は8000万を超える（2019年11月時点）。著書に『パリ在住の料理人が教える　誰でも失敗なくできるスイーツレシピ』『パリ在住の料理人が教える　フライパンでできる本格フレンチレシピ』『パリ在住の料理人が教える　一生ものの定番スイーツレシピ』『パリ在住の料理人が教える　作りおきできるフランスのお惣菜』（すべてKADOKAWA）がある。

EMOJOIE CUISINE
http://emojoiecuisine.hatenablog.com/
https://www.youtube.com/user/emojoie/

パリ在住の料理人が教える
もらって嬉しいチョコレートレシピ

2019年11月28日　初版発行
2020年 1 月30日　再版発行

著者／えもじょわ

発行者／川金　正法

発行／株式会社KADOKAWA
〒102-8177　東京都千代田区富士見2-13-3
電話 0570-002-301（ナビダイヤル）

印刷所／大日本印刷株式会社

本書の無断複製（コピー、スキャン、デジタル化等）並びに
無断複製物の譲渡及び配信は、著作権法上での例外を除き禁じられています。
また、本書を代行業者などの第三者に依頼して複製する行為は、
たとえ個人や家庭内での利用であっても一切認められておりません。

●お問い合わせ
https://www.kadokawa.co.jp/ （「お問い合わせ」へお進みください）
※内容によっては、お答えできない場合があります。
※サポートは日本国内のみとさせていただきます。
※Japanese text only

定価はカバーに表示してあります。

©Emojoie 2019 Printed in Japan
ISBN 978-4-04-604280-4 C0077